Wenn ich betrübt bin
When I Am Gloomy

Sam Sagolski
Illustrationen von Daria Smyslova

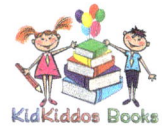

www.kidkiddos.com
Copyright ©2025 by KidKiddos Books Ltd.
support@kidkiddos.com

All rights reserved. No part of this book may be reproduced in any form or by any electronic or mechanical means, including information storage and retrieval systems, without written permission from the publisher, except in the case of a reviewer, who may quote brief passages embodied in critical articles or in a review.
First edition, 2025

Translated from English by Tess Parthum
Aus dem Englischen übersetzt von Tess Parthum

Library and Archives Canada Cataloguing in Publication
When I Am Gloomy (German English Bilingual edition)/Shelley Admont
ISBN: 978-1-83416-861-6 paperback
ISBN: 978-1-83416-862-3 hardcover
ISBN: 978-1-83416-860-9 eBook

Please note that the German and English versions of the story have been written to be as close as possible. However, in some cases they differ in order to accommodate nuances and fluidity of each language.

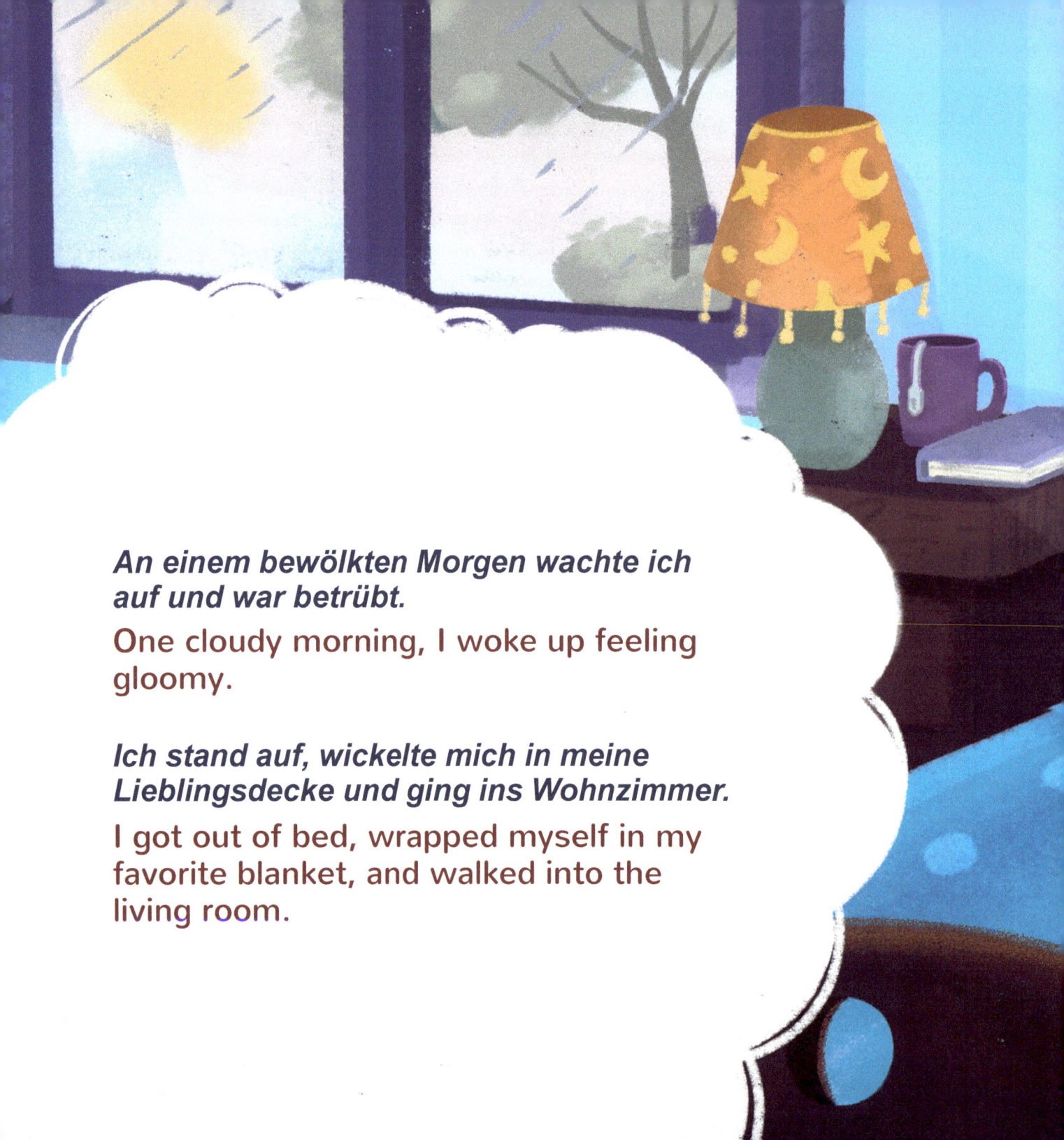

An einem bewölkten Morgen wachte ich auf und war betrübt.

One cloudy morning, I woke up feeling gloomy.

Ich stand auf, wickelte mich in meine Lieblingsdecke und ging ins Wohnzimmer.

I got out of bed, wrapped myself in my favorite blanket, and walked into the living room.

„Mama!", rief ich. „Ich habe schlechte Laune."
"Mommy!" I called. "I'm in a bad mood."

Mama sah von ihrem Buch auf. „Schlechte? Warum sagst du das, Liebling?", fragte sie.
Mom looked up from her book. "Bad? Why do you say that, darling?" she asked.

„Schau mir ins Gesicht!", sagte ich und deutete auf meine gerunzelte Stirn. Mama lächelte sanft.
"Look at my face!" I said, pointing to my furrowed brows. Mom smiled gently.

„Ich habe heute kein fröhliches Gesicht", murmelte ich. „Hast du mich auch noch lieb, wenn ich bedrückt bin?"
"I don't have a happy face today," I mumbled. "Do you still love me when I'm gloomy?"

„Natürlich", sagte Mama. „Wenn du betrübt bist, möchte ich bei dir sein, dich fest umarmen und dich aufmuntern."

"Of course I do," Mom said. "When you're gloomy, I want to be close to you, give you a big hug, and cheer you up."

Das tröstete mich ein wenig, aber nur für einen Moment, denn dann fing ich an, über all meine anderen Stimmungen nachzudenken.

That made me feel a little better, but only for a second, because then I started thinking about all my other moods.

„Also… hast du mich auch noch lieb, wenn ich wütend bin?"
"So… do you still love me when I'm angry?"

Mama lächelte wieder. „Natürlich habe ich das!"
Mom smiled again. "Of course I do!"

„Bist du sicher?", fragte ich und verschränkte die Arme.
"Are you sure?" I asked, crossing my arms.

„*Auch wenn du wütend bist, bin ich immer noch deine Mutter. Und ich liebe dich genauso wie immer.*"

"Even when you're mad, I'm still your mom. And I love you just the same."

Ich holte tief Luft. „Was ist, wenn ich schüchtern bin?", flüsterte ich.

I took a big breath. "What about when I'm shy?" I whispered.

„Ich hab dich auch lieb, wenn du schüchtern bist", sagte sie. „Weißt du noch, als du dich hinter mir versteckt hast und nicht mit dem neuen Nachbarn reden wolltest?"

"I love you when you're shy too," she said. "Remember when you hid behind me and didn't want to talk to the new neighbor?"

Ich nickte. Daran erinnerte ich mich gut.

I nodded. I remembered it well.

„Und dann hast du Hallo gesagt und einen neuen Freund gefunden. Ich war so stolz auf dich."

"And then you said hello and made a new friend. I was so proud of you."

„Hast du mich auch noch lieb, wenn ich zu viele Fragen stelle?", fuhr ich fort.

"Do you still love me when I ask too many questions?" I continued.

„Wenn du so viele Fragen stellst wie gerade eben, kann ich sehen, wie du neue Dinge lernst, die dich jeden Tag schlauer und stärker machen", antwortete Mama. „Und ja, ich habe dich immer noch lieb."

"When you ask a lot of questions, like now, I get to watch you learn new things that make you smarter and stronger every day," Mom answered. "And yes, I still love you."

„Was ist, wenn ich überhaupt keine Lust habe, zu reden?",
fragte ich weiter.

"What if I don't feel like talking at all?" I continued asking.

„Komm her", sagte sie. Ich kletterte auf ihren Schoß und legte meinen Kopf auf ihre Schulter.

"Come here," she said. I climbed into her lap and rested my head on her shoulder.

„Wenn du keine Lust zum Reden hast und einfach nur still sein möchtest, beginnst du, deine Fantasie zu nutzen. Ich liebe es, zu sehen, was du dir ausdenkst", antwortete Mama.

"When you don't feel like talking and just want to be quiet, you start using your imagination. I love seeing what you create," Mom answered.

Dann flüsterte sie mir ins Ohr: „Ich habe dich auch lieb, wenn du still bist."

Then she whispered in my ear, "I love you when you're quiet too."

*„Aber hast du mich auch noch lieb, wenn ich Angst habe?",
fragte ich.*

"But do you still love me when I'm afraid?" I asked.

*„Immer", sagte Mama. „Wenn du Angst hast, helfe ich dir,
nachzuschauen, dass keine Monster unter dem Bett oder im
Schrank sind."*

"Always," said Mom. "When you're scared, I help you check that there are no monsters under the bed or in the closet."

Sie küsste mich auf die Stirn. „Du bist so mutig, mein Schatz."

She kissed me on the forehead. "You are so brave, my sweetheart."

„Und wenn du müde bist", fügte sie leise hinzu, „decke ich dich mit deiner Decke zu, bringe dir deinen Teddybären und singe dir unser besonderes Lied vor."

"And when you're tired," she added softly, "I cover you with your blanket, bring you your teddy bear, and sing you our special song."

„Was ist, wenn ich zu viel Energie habe?", fragte ich und sprang auf.

"What if I have too much energy?" I asked, jumping to my feet.

Sie lachte. „Wenn du voller Energie bist, gehen wir Rad fahren, springen Seil oder toben zusammen draußen herum. Ich mache all diese Dinge so gerne mit dir!"

She laughed. "When you're full of energy, we go biking, skip rope, or run around outside together. I love doing all those things with you!"

„Aber hast du mich auch lieb, wenn ich keinen Brokkoli essen will?" Ich steckte meine Zunge heraus.

"But do you love me when I don't want to eat broccoli?" I stuck out my tongue.

Mama kicherte. „So wie damals, als du Max heimlich Brokkoli gegeben hast? Den mochte er sehr."

Mom chuckled. "Like that time you slipped your broccoli to Max? He liked it a lot."

„Das hast du gesehen?", fragte ich.
"You saw that?" I asked.

„Natürlich habe ich das. Und ich hatte dich trotzdem lieb, auch damals."
"Of course I did. And I still love you, even then."

Ich dachte einen Moment lang nach und stellte dann eine letzte Frage:

I thought for a moment, then asked one last question:

„Mami, wenn du mich lieb hast, wenn ich betrübt oder wütend bin… hast du mich dann auch lieb, wenn ich glücklich bin?"

"Mommy, if you love me when I'm gloomy or mad… do you still love me when I'm happy?"

„Ach, mein Schatz", sagte sie und umarmte mich erneut, „wenn du glücklich bist, bin ich auch glücklich."

"Oh, sweetheart," she said, hugging me again, "when you're happy, I'm happy too."

Sie küsste mich auf die Stirn und fügte hinzu: „Ich liebe dich, wenn du glücklich bist, genauso wie ich dich liebe, wenn du traurig, wütend, schüchtern oder ruihg bist."

She kissed me on the forehead and added, "I love you when you're happy just as much as I love you when you're sad, or mad, or shy, or tired."

Ich kuschelte mich an sie und lächelte. „Also… hast du mich immer lieb?", fragte ich.

I snuggled close and smiled. "So… you love me all the time?" I asked.

„Die ganze Zeit", sagte sie. „In jeder Stimmung, jeden Tag, ich habe dich immer lieb."

"All the time," she said. "Every mood, every day, I love you always."

Während sie sprach, bekam ich ein warmes Gefühl im Herzen.

As she spoke, I started feeling something warm in my heart.

Ich schaute nach draußen und sah, wie die Wolken davonschwebten. Der Himmel wurde blau und die Sonne kam heraus.

I looked outside and saw the clouds floating away. The sky was turning blue, and the sun came out.

Es sah so aus, als würde es doch noch ein schöner Tag werden.

It looked like it was going to be a beautiful day after all.

www.ingramcontent.com/pod-product-compliance
Lightning Source LLC
LaVergne TN
LVHW072110060526
838200LV00061B/4851